Martin Taylors

JAZZGITARREN-**LICKS**
PHRASENBUCH

Über 100 Licks für Anfänger und Fortgeschrittene der Jazzgitarre

MARTIN**TAYLOR**

Mit Joseph Alexander

FUNDAMENTAL**CHANGES**

Martin Taylors Jazzgitarren-Licks-Phrasenbuch

Über 100 Licks für Anfänger und Fortgeschrittene der Jazzgitarre

ISBN: 978-1-78933-379-4

Veröffentlicht von **www.fundamental-changes.com**

Urheberrecht © 2020 Martin Taylor & Joseph Alexander

Herausgegeben von Tim Pettingale

Übersetzt von Daniel Friedrich für translatebooks.com

www.fundamental-changes.com

Über 13.000 Fans auf Facebook: **FundamentalChangesInGuitar**

Instagram: **FundamentalChanges**

Über 350 kostenlose Gitarrenlektionen mit Videos findest du unter

www.fundamental-changes.com

Titelbild Copyright: Lister Cumming, verwendet mit Genehmigung.

Umgeschrieben von Levi Clay

Inhaltsübersicht

Über die Autoren

Dr. Martin Taylor MBE ist Gitarrenvirtuose, Komponist, Pädagoge und musikalischer Innovator.

Die Zeitschrift *Acoustic Guitar* bezeichnete ihn als „DEN Akustikgitarristen seiner Generation". „Chet Atkins sagte, Martin sei „einer der größten und beeindruckendsten Gitarristen der Welt", und Pat Metheny kommentierte: „Martin Taylor ist einer der großartigsten Sologitarristen in der Geschichte des Instruments."

Martin gilt als weltweit führender Vertreter des Solo-Jazz und Fingerstyle-Gitarrenspiels und hat einen unnachahmlichen Stil, der ihm weltweit Anerkennung von Musikerkollegen, Fans und Kritikern gleichermaßen eingebracht hat. Er verblüfft sein Publikum mit seinem unverwechselbaren Stil, der Virtuosität, Gefühl und Humor mit einer starken, einnehmenden Bühnenpräsenz verbindet.

Martin hat eine bemerkenswerte musikalische Karriere hinter sich, die sich über fünf Jahrzehnte erstreckt und mehr als 100 Aufnahmen umfasst. Als vollständiger Autodidakt, der bereits im Alter von 4 Jahren begann, hat er eine einzigartige Herangehensweise an die Jazz-Sologitarre entwickelt, die er nun in sieben Stufen unterteilt, um sie anderen zu vermitteln.

Joseph Alexander ist einer der produktivsten Autoren moderner Unterrichtsmethoden für die Gitarre.

Er hat über 600.000 Bücher verkauft, die eine ganze Generation von Nachwuchsmusikern ausgebildet und inspiriert haben. Sein unkomplizierter Unterrichtsstil basiert darauf, die Grenzen zwischen Theorie und Performance zu überwinden und Musik für alle zugänglich zu machen.

Ausgebildet am Londoner Guitar Institute und am Leeds College of Music, wo er einen Abschluss in Jazz Studies machte, hat Joseph Tausende von Schülern unterrichtet und über 40 Bücher über das Gitarrenspiel geschrieben.

Er ist der Geschäftsführer von *Fundamental Changes Ltd.*, einem Verlag, dessen einziger Zweck darin besteht, Musikunterrichtsbücher von höchster Qualität zu erstellen und Autoren und Musikern hervorragende Tantiemen zu zahlen.

Fundamental Changes hat bereits über 120 Bücher für den Musikunterricht veröffentlicht und nimmt derzeit Bewerbungen von angehenden Autoren und Lehrern aller Instrumente entgegen. Kontaktiere uns über webcontact@fundamental-changes.com, wenn du mit uns an einem Projekt arbeiten möchtest.

Einführung von Martin

Hallo und herzlich willkommen zu meinem Phrasenbuch für Jazzgitarren-Licks für Anfänger.

Ich möchte dir zunächst eine Frage stellen. Wenn du ein anderes Land besuchen würdest und dich in einer anderen Sprache verständigen müsstest, wäre es dann nützlicher, ein einsprachiges Wörterbuch oder einen Sprachführer zu haben?

Die Antwort ist natürlich einfach. Wenn man die Wörter, die man braucht, gar nicht kennt, wie soll man sie dann in einem einsprachigen Wörterbuch finden? Mit einem Sprachführer kannst du jedoch sofort die Laute kopieren und anfangen zu kommunizieren. Wenn du nach und nach weitere Sätze aus deinem Buch lernst und die Laute der Sprecher nachahmst, wirst du anfangen, sie zu kombinieren, und plötzlich beginnst du zu sprechen.

Der schnellste Weg, die Kommunikation in einer neuen Sprache zu erlernen, ist immer, einige Sätze zu lernen und die Laute zu kopieren, die Muttersprachler machen. Du wirst nicht zum Wörterbuch greifen oder ein Grammatikbuch zur „Sprachtheorie" verwenden, sondern einfach nur eine Sprache, die du gehört hast, direkt kopieren und in einer realen Situation anwenden.

Deshalb erstaunt es mich immer wieder, dass die Leute das Erlernen der Sprache der Jazzgitarre ganz anders angehen. Ich hatte schon Schüler, die viel mehr Theorie kannten als ich - all die raffinierten Tonleitern und Arpeggien, die sie für diesen oder jenen Akkord verwenden *könnten* - aber wenn sie dann tatsächlich Gitarre spielten, klangen ihre Soli meistens einfach nicht jazzig. Gitarristen machen oft den Fehler, dass sie beim Erlernen des Jazz zuerst die Theorie lernen, weil man ihnen gesagt hat, dass Jazz „schwer" ist oder sich „alles um die Theorie dreht". In Wahrheit ist es viel einfacher, Jazz zu spielen, als du vielleicht denkst. Oft spielen die großen Spieler, die wir vergöttern, ziemlich einfache Ideen, nur mit erstaunlichem Tempo und ausgezeichneter Phrasierung.

Wie haben sie diese Phrasierung entwickelt? Indem sie die Sprache der Musiker, die sie bewunderten, kopierten und spielten.

In diesem Buch geht es darum, die Sprache der Jazzgitarre zu erlernen, und zwar indem du mir beim Spielen einiger meiner Lieblingsphrasen zuhörst. Nachdem du sie gelernt hast, wirst du sie in dein eigenes Spiel einbauen. Du wirst meine Noten, Phrasierungen und Rhythmen kopieren. Du wirst Hunderte von *Vokabeln* lernen. Du wirst beginnen, diese zu Sätzen zu kombinieren, die sich zu Solos zusammensetzen. Auf diese Weise beginnst du zu verstehen, wie die Sprache des Jazz-Solospiels klingt und *sich anfühlt*.

Vielleicht denkst du jetzt: „Aber was ist mit der *Theorie?* " Meine Antwort darauf ist, dass du das Sprechen nicht mit einem Grammatikbuch in der Hand gelernt hast, sondern die Erwachsenen um dich herum kopiert hast. Vielleicht kam die Theorie etwas später in der Schule hinzu, als du etwas über Adjektive, Verben und jambische Pentameter gelernt hast, aber ich bin sicher, dass du schon wunderbar sprechen konntest, bevor du mit diesen komplexen Ideen vertraut gemacht wurdest.

In diesem Buch gibt es keine Theorie! Es gibt nur Sprache, Phrasen und das Vokabular, das die Grundlage der reichen Jazzsprache bildet. Ich habe bewusst auf Lick-Analysen *verzichtet*, weil ich möchte, dass du dich ausschließlich auf die Kommunikation und die *Stimme* deiner Musik konzentrierst.

Diese Phrasen sind so aufgebaut, dass du sie über sehr häufige Akkordfolgen im Jazz verwenden kannst. Die populären Akkordfolgen, die in den meisten Jazz-Standards vorkommen, sind hier aufgeführt. Mach dir keine Gedanken, wenn dir eine Sequenz auffällt, die ich nicht behandelt habe - dieses Buch soll keine erschöpfende

Liste von Licks sein, die du in jeder möglichen Situation spielen kannst. Wenn du einmal gelernt hast zu sprechen, wirst du schnell in der Lage sein, die Phrasierung und Sprache auf jede beliebige Akkordfolge anzuwenden.

Viel Spaß!

Martin Taylor

April 2020

Eine Notiz von Joseph

Das Schreiben und Aufnehmen dieses Buches war von Anfang bis Ende ein absolutes Vergnügen. Es kommt nicht jeden Tag vor, dass man mit einem seiner musikalischen Helden ins Studio geht und ihn bittet, alle seine Licks zu demonstrieren.

Wie Martin bereits erwähnt hat, war dieses Buch als Phrasenbuch bzw. Sprachführer für Gitarristen gedacht, die die Sprache des Jazz-Solospiels erlernen wollen. Als wir uns daran machten, das Material zusammenzutragen, schien es das Einfachste zu sein, Martin zu bitten, mit einem Pedal einige gängige Jazzsequenzen zu loopen, die Kamera auf Aufnahme zu stellen und ihn 20 Minuten lang spielen zu lassen.

Das Schöne an diesem Ansatz war, dass wir sehen konnten, wie Martin einen kleinen Keim einer Idee aufnahm und ihn im Laufe des Solos wachsen ließ. Wenn er das Gefühl hatte, dass die Idee verblüht war, machte er ein paar Takte Pause und begann mit einem anderen Samen. Es war wirklich beeindruckend, wie sich die besten Jazz-Soli oft aus winzigen, aber wirkungsvollen Teilen des Vokabulars zusammensetzen, um eine Geschichte zu erzählen, die sich im Laufe der Chorusse allmählich entfaltet - und Martin ist sicherlich einer der größten Geschichtenerzähler des Jazz. In seinem früheren Buch *Single-Note-Solospiel für Jazzgitarre* spricht er ausführlicher über seinen Ansatz.

Wir haben einen Tag im Studio verbracht, Kaffee getrunken, aufgenommen und eigentlich genug Material für mindestens zwei weitere Bücher gesammelt. Dieses Buch wurde zum Phrasenbuch für Anfänger und Fortgeschrittene, und wir werden bald sein Pendant für Fortgeschrittene veröffentlichen. Martin hat auch eine ganze Reihe längerer Soli aufgenommen, die bald in einem Buch mit Jazzgitarren-Etüden erscheinen werden. In diesen Etüden lernst du, wie du eine musikalische Idee während eines Solos organisch entwickeln kannst - ein weiterer Gedanke, den Martin in *Single-Note-Solospiel für Jazzgitarre* ausführlich behandelt.

Als die Aufnahmen fertig waren, schnitten wir sie in einzelne Licks und schickten sie an den auf irritierende Weise talentierten Levi Clay zur Transkription. Er machte sich an die Arbeit und wir konnten mit der Zusammenstellung des Buches beginnen.

Martin bat darum, dass wir uns bei diesen Phrasen nicht zu sehr mit der Theorie befassen, denn er möchte, dass du dich auf den Klang, die Phrasierung und Sprachentwicklung konzentrierst - genau wie du es als Kind getan hast. Es gibt keinen Grund, zu sehr über diese Ideen nachzugrübeln. Falls es dich beruhigt: Der größte Teil von Martins Spiel basiert auf einer diatonischen Grundlage, und Spannung wird eher durch das „Ausfüllen der Lücken" mit chromatischen Durchgangsnoten als durch die Anwendung komplexer theoretischer Ideen erzeugt.

Wir haben dieses Buch in Sprache unterteilt, die auf verschiedene gängige Sequenzen passt, so dass du nicht nur lernst, diese Progressionen nach Gehör zu erkennen, wenn sie in der Musik vorkommen, sondern auch eine

Vorstellung von der Art des Vokabulars bekommst, das in dieser Situation funktioniert. Es gibt jedoch noch einen viel umfassenderen Aspekt, über den du nachdenken solltest.

In der Sprache funktionieren dieselben Wörter und Sätze in einer fast unendlichen Anzahl von Kontexten, und wenn man einmal verstanden hat, wie die Wörter funktionieren, kann man sie fast überall verwenden. Du kannst dich mit fast jedem unterhalten, der deine Sprache spricht, auch wenn er einen ganz anderen Hintergrund hat oder aus einem ganz anderen Land kommt. Bei der Sprache des Jazz-Solospiels ist das nicht anders. Sobald du das Vokabular verstanden hast, kannst du es an jede neue Akkordfolge anpassen.

Selten bekommen wir einen so direkten Einblick in die Sprache eines wahren Meisters der Jazzgitarre. Lerne sie und mache sie dann zu deiner eigenen.

Joseph

Wie man dieses Buch benutzt

Wenn du einen traditionellen Sprachführer aufschlägst, wirst du feststellen, dass die Redewendungen in „Situationen" untergliedert sind. Der erste Abschnitt könnte sich mit Begrüßungen befassen, der nächste mit der Essensbestellung in einem Restaurant, gefolgt von Wegbeschreibungen zu berühmten Sehenswürdigkeiten und so weiter...

Auch dieser Jazz-Solo-Sprachführer ist in Situationen untergliedert, aber unsere Situationen sind die Akkordfolgen, über die du in den gängigen Jazz-Standards solieren wirst.

Wir haben acht gängige Akkordfolgen ausgesucht und zeigen dir einige wichtige Vokabeln für jede davon. Wie in der gesprochenen Sprache können die Vokabeln, mit denen du jemanden auf der Straße grüßt, auch in einem Restaurant oder Geschäft verwendet werden. Mit anderen Worten: Phrasen, die du für eine bestimmte musikalische Situation gelernt hast, eignen sich oft auch für andere Kontexte.

Nachdem du die ersten Phrasen gelernt hast, wirst du die natürlichen Muster, die Aussprache und die Grammatik der Sprache übernehmen, so dass du immer schneller neue Phrasen lernen und mit Überzeugung sprechen kannst.

In diesem Buch lernst du das perfekte Vokabular für die folgenden Akkordfolge-„Situationen".

- Dur nach Moll II V I

- ii V i

- I vi ii V Turnarounds

- Dominant-7-Akkorde, die sich in Quinten bewegen

- Statische Dominant-7-Akkorde

- II V Sequenzen absteigend in Halbtönen

- Statische Moll-7-Akkorde

- Moll-Blues

Diese Akkordfolgen bilden das Rückgrat von Hunderten von Jazz-Standards, und durch das Erlernen von Phrasen für jede einzelne wirst du schnell lernen, authentisch „Jazz zu sprechen". Da sich diese Ideen auf natürliche Weise verbinden und in deinem Unterbewusstsein verankern, wirst du schnell beginnen, den Klang der Phrasen zu beeinflussen, die du selbst beim Improvisieren kreierst.

Um dieses Buch effektiv zu nutzen, versuche, die oben aufgeführten Akkordfolgen zu identifizieren, wenn sie in den Stücken, an denen du arbeitest, vorkommen. Wenn du an einem Song mit vielen II V I arbeitest, könntest du mit dem ersten Kapitel beginnen. Wenn du an einem Song mit Rhythm Changes (I vi ii V) wie *I Got Rhythm* oder *Oleo* arbeitest, könntest du mit Kapitel drei beginnen.

Höre dir als Nächstes die Phrasen in diesem Kapitel an, indem du die Hörbeispiele abspielst. Wenn dir eine Phrase besonders auffällt und du glaubst, dass sie deinen derzeitigen Fähigkeiten entspricht, solltest du diese zuerst lernen. Es gibt einen Grund dafür, dass sie dir ins Auge gesprungen ist.

Genau wie bei unserer gesprochenen Sprache verwenden wir oft Phrasen wieder, die uns beim ersten Hören gefallen haben. Wenn du nur Phrasen *lernst*, die du magst, wirst du auch nur Phrasen *spielen,* die du magst. Jedenfalls meistens!

Indem du bewusst auswählst, welche Phrasen du lernst und wiederholst, kannst du die musikalische Sprache steuern, die du verinnerlichen wirst und die zum Ausgangsmaterial für deine eigene Kreativität wird.

Wenn du dich hinsetzt, um eine Phrase zu lernen, stelle sicher, dass du sie auswendig lernst. Um etwas flüssig spielen zu können, muss es ein Teil von dir werden.

Um dir eine Zeile einzuprägen, unterteile sie in kleine rhythmische Abschnitte von wenigen Schlägen und wiederhole jeden Abschnitt, bis du keinen Fehler mehr machst. Wenn du dir zum Beispiel das Beispiel 1a in Kapitel eins anschaust, wirst du sehen, dass es ganz natürlich in drei verschiedene Abschnitte zerfällt. Lerne den ersten kurzen Abschnitt, indem du dir Martins Spiel anhörst und kopierst, und spiele ihn dann über einen Backing-Track an der richtigen Stelle, wobei du für den Rest der Phrase Stille lässt. Wenn du fehlerfrei spielst, gehe zum nächsten Abschnitt über und wiederhole den Vorgang. Als Nächstes kombinierst du die ersten beiden Abschnitte und spielst sie, bis sie flüssig sind, bevor du den dritten hinzufügst. Denke daran, dass du nicht nur ein Lick lernst, sondern dich selbst für das Gefühl der Sprache programmierst.

Wenn du eine Zeile auswendig gelernt hast, solltest du sie so bald wie möglich in einem Solo verwenden. Versuche anfangs, sie an der entsprechenden Stelle des Stücks perfekt zu spielen. Nach einer Weile wird dein musikalisches Gehirn den Wunsch verspüren, die Phrase zu variieren. Kämpfe nicht dagegen an! Diese Phrasen sind nur ein Ausgangspunkt für dich. Die Idee ist, dir die Sprache beizubringen, damit du deine eigenen einzigartigen Sätze bilden kannst.

Indem du nach und nach immer mehr Phrasen zu deinem Wortschatz hinzufügst, wird er sich zu deiner eigenen Stimme auf der Gitarre zusammenfügen und weiterentwickeln.

Audio abrufen

Die Audiodateien zu diesem Buch kannst du kostenlos von **www.fundamental-changes.com** herunterladen. Der Link befindet sich in der oberen rechten Ecke. Klicke auf den Link „Gitarre", wähle dann einfach diesen Buchtitel aus dem Dropdown-Menü aus und folge den Anweisungen, um die Audiodateien zu erhalten.

Wir empfehlen dir, die Dateien direkt auf deinen Computer (nicht auf dein Tablet) herunterzuladen und sie dort zu extrahieren, bevor du sie zu deiner Mediathek hinzufügst. Du kannst sie dann auf dein Tablet oder deinen iPod laden oder auf CD brennen. Auf der Download-Seite findest du eine Anleitung und wir bieten auch technische Unterstützung über das Kontaktformular.

Über 350 kostenlose Gitarrenlektionen mit Videos findest du hier:

www.fundamental-changes.com

Über 11.000 Fans auf Facebook: **FundamentalChangesInGuitar**

Markiere uns zum Teilen auf Instagram: **FundamentalChanges**

Hol dir das Video

Als besonderen Bonus für Käufer dieses Buches hat Martin Taylor einige Videos der anspruchsvolleren Licks veröffentlicht, damit du genau sehen kannst, wie er sie spielt, und du sie bei Bedarf anhalten und zurückspulen kannst. Diese Videos sind nirgendwo sonst online verfügbar. Folge diesem Link, um den Inhalt anzusehen/herunterzuladen:

https://www.fundamental-changes.com/martin-taylor-beginner-jazz-licks-videos/

Oder verwende den Kurzlink:

https://bit.ly/2YJNg6C

Wenn du den obigen Link in einen Browser eingibst, beachte bitte, dass kein „www" enthalten ist.

Du kannst auch den QR-Code unten scannen, um die Videos auf deinem Smartphone anzusehen:

Kapitel Eins - Dur II V I nach Moll II V I Licks

In den meisten Jazzgitarren-Lick-Büchern findest du isolierte Dur ii V I-Ideen und isolierte Moll ii V i-Ideen. Diese können nützlich sein (im nächsten Kapitel werden wir uns viele Moll-ii-V-Ideen ansehen), aber ich wollte damit beginnen, dir Phrasen in einem musikalischeren Kontext beizubringen. Wenn du Licks isoliert lernst, besteht die Tendenz, dass deine Soli unzusammenhängend werden. Du beendest eine Idee. Dann denkst du an die nächste. Dann spielst du diese. Bevor du aufhörst... Genau wie bei den vorherigen Sätzen!

Beim Jazz ist das anders. Die Linien fließen wie Wasser durch die Akkordwechsel. Wenn du also einen schönen Fluss erzeugen willst, musst du über die Phrase hinausdenken, die du gerade spielst.

In diesem Kapitel wirst du Phrasen miteinander verbinden, die einen Loop des berühmten Jazz-Standards *Autumn Leaves* umfassen. Er beginnt mit einer Dur ii V I (Am7 - D7 - GMaj7) und endet mit einer Moll ii V i (F#m7b5 - B7 - Em). Normalerweise werden sie über acht Takte gespielt, aber wir haben sie auf vier komprimiert. Sie funktionieren aber alle auch als 1/8-Noten-Linien, also keine Panik!

Da ich dir *nicht* jede einzelne Linie aufschlüsseln werde, möchte ich, dass du die Phrasen anhand der Audiospuren ausprobierst und die lernst, die dir gefallen. Ich wollte jedoch die ersten paar Beispiele in diesem Kapitel kommentieren, weil sie gute Beispiele für meine Herangehensweise sind und dir wirklich die Struktur einer großartigen Jazzlinie vermitteln.

Schau dir Beispiel 1a an. Beachte, wie die Form und der Rhythmus der ersten paar Noten beibehalten und in der gesamten Linie weiterentwickelt werden, um den Fluss über die Akkordwechsel hinweg aufrechtzuerhalten. Es fühlt sich zu keinem Zeitpunkt so an, als ob ich über jeden Akkord unzusammenhängende Licks spielen würde.

In Beispiel 1b entwickle ich die Idee noch ein wenig weiter, um eine ganz neue Phrase zu bilden.

Beispiel 1c wird von einem starken Rhythmus und einer melodischen Form getragen. Es entfaltet sich fast wie ein kurzes Gedicht.

Beispiel 1d kommt auf dem GMaj7-Akkord zum Stillstand, aber der nächste „Satz" beginnt ein paar Takte vor dem F#m7b5, so dass ein fließender Übergang in die Moll ii V entsteht.

Wie du immer wieder hören wirst, ist es sehr wichtig, Lücken in deiner „Rede" zu lassen. Saxophon- und Trompetenspieler müssen zwischen dem Spielen von Notenströmen Luft holen, damit es natürliche Pausen und klarere Phrasen gibt. Da Gitarristen keine Pausen machen müssen, kann man leicht zu viel spielen. Es ist wichtig, daran zu denken, „Pausen" zu machen, und du kannst das in Beispiel 1e deutlich hören, wo die Melodie erst kurz vor dem GMaj7 beginnt. Diese Pausen sind musikalisch und für den Hörer interessant.

Das Ende der Phrase endet mit einer viel längeren kontrastierenden Phrase, die durch die letzten drei Akkorde führt. Lerne die melodischen Formen dieses Abschnitts und beachte, dass ich mich hier nicht zu sehr um die Akkordtöne kümmere - es ist das Muster und die Form der Linie, die dazu beitragen, sie hervorzuheben.

Die übrigen Phrasen des Kapitels setzen sich in ähnlicher Weise fort. Achte darauf, wie sie fließen und starke rhythmische Ideen verwenden, um durch die Changes zu kommen. Fast alles ist diatonisch mit chromatischen Noten, die für Farbe sorgen.

Die Akkordfolge Major ii V I ist im Jazz allgegenwärtig und kommt in Hunderten von Standards vor. Da es sich um eine einfache Kadenz handelt, die unseren Ohren vertraut ist, verleihen Linien wie die folgenden Phrasen, die ansonsten auf Arpeggios und Tonleitern basieren würden, Form und Interesse.

Zu verstehen, wie Dur-ii-V-I-Linien klingen und sich anfühlen, ist der Kern der Entwicklung einer Jazzsprache, und du solltest diese Phrasen sorgfältig lernen.

Beginne damit, eine Linie nach der anderen zu lernen und konzentriere dich zunächst nur auf die ersten paar Noten. Spiele zum Audiobeispiel mit, bis du an das Gefühl herankommst. Als Nächstes spielst du diese wenigen Noten über den Backing Track und lässt dabei so lange Raum, bis du die richtige Stelle in der Progression findest. Wenn du sicherer wirst, arbeite an den nächsten Noten und wiederhole den Vorgang, bis du die gesamte Linie fließend spielen kannst.

Suche auch Backing Tracks in neuen Tonarten und spiele die Vokabeln in verschiedenen Bereichen des Griffbretts. Das Ziel ist es, eine Phrase vollständig zu verinnerlichen, bevor du zur nächsten übergehst. Wenn du drei oder vier Phrasen gelernt hast, wird etwas Wunderbares passieren: Du wirst beginnen, sie zu kombinieren, wenn du über die Backing Tracks improvisierst, und sie werden sich allmählich zu deiner eigenen, einzigartigen Sprache entwickeln.

Wenn du diese Sprache auf neue Stücke anwendest, wirst du feststellen, dass du zu jeder ii V-Sequenz, die dir begegnet, sofort etwas zu sagen hast. Das bedeutet im größeren Zusammenhang, dass das Verständnis der Sprache, die du hier entwickelst, dir helfen wird, schnell authentisch klingende Jazz-Ideen über *jeden* Abschnitt des Stücks, fast nach Gehör, zu spielen. Je mehr Vokabeln du lernst, desto mehr wirst du zu sagen haben.

Hier sind einige wichtige Standards, die du kennen solltest und die Dur-ii-V-I-Verbindungen enthalten. Es gibt Hunderte, aber diese kurze Liste sollte dir den Einstieg erleichtern. Am Ende eines jeden Abschnitts findest du eine Liste der relevanten Stücke.

Wichtige Jazz-Standards, die Dur-II-V-I-Akkordfolgen enthalten

- *All the Things You Are*

- *Autumn Leaves*

- *Here's That Rainy Day*

- *Line for Lyons*

- *The Nearness of You*

Bevor du mit dem Lernen der folgenden Ideen beginnst, denke daran, sie anhand der Audiospuren anzuhören und mit derjenigen zu beginnen, die dir am meisten zusagt. Wenn du das Audiomaterial noch nicht heruntergeladen hast, kannst du das unter www.fundamental-changes.com tun.

Hier ist eine Auswahl von Dur ii V I Jazzgitarrenphrasen, die dir bestimmt gefallen werden.

Beispiel 1a:

Beispiel 1b:

Beispiel 1c:

Beispiel 1d:

Beispiel 1e:

Beispiel 1f:

Beispiel 1g:

Beispiel 1h:

Beispiel 1i:

Beispiel 1j:

Beispiel 1k:

Beispiel 1l:

Kapitel Zwei – Moll ii V I, langsam

Die Moll ii V ist eine weitere äußerst wichtige Sequenz, die man im Jazz beherrschen sollte, und kommt fast genauso häufig vor wie sein Cousin, die Dur ii V. Im vorigen Kapitel hast du viele Phrasen gemeistert, die auf einer Dur ii V begannen und in die Moll ii V übergingen. Das bedeutet, dass die Moll ii V Phrase organisch aus der Dur ii V Phrase wuchs und stark mit der ursprünglichen Idee verbunden war.

In diesem Kapitel möchte ich mich ausschließlich auf die Moll ii V konzentrieren und einige wichtige neue Vokabeln zu unserem Sprachschatz hinzufügen.

Auch hier sind alle Phrasen recht diatonisch und basieren auf den entsprechenden Skalen und Arpeggien, aber beachte, dass ich Chromatik hinzufüge, um Überraschung und Spannung zu erzeugen. Die erste Note in Takt zwei von Beispiel 2a ist das perfekte Beispiel dafür.

Höre dir diese Phrasen an, indem du zuerst die Audiobeispiele abspielst und mit dem Lernen derjenigen Phrase beginnst, die dir am meisten ins Auge springt. Lerne, indem du sie im Takt des Hörbeispiels übst, und spiele sie dann selbst mit einem Backing Track, bevor du zur nächsten Phrase übergehst. Wenn du sie auswendig gelernt hast, mache mit der nächsten weiter. Ich schlage vor, dass du nur zwei oder drei Phrasen lernst, bevor du einen Backing Track verwendest, um sie mit einigen der Ideen aus dem vorherigen Abschnitt zu kombinieren.

Wenn du bereit bist, versuche, ein neues Stück mit Moll ii V aus der folgenden Liste zu lernen, um deinen Wortschatz in einer musikalischen Umgebung anzuwenden.

Eine weitere produktive Übungsidee ist es, einen winzigen Teil der Phrase zu kopieren, der einen starken Rhythmus hat, mit dem du dich verbinden kannst. Versuche, diesen Rhythmus so lange wie möglich über die Akkordfolge zu spielen. Das ist ein guter Weg, um aus der Gewohnheit auszubrechen, regelmäßig 1/8-Noten zu spielen. Viele Gitarristen denken, dass ein Jazz-Solo nur aus endlosen Strömen von 1/8-Noten besteht, aber wenn du dir die Notation unten ansiehst, wirst du sehen, dass es alles andere als das ist!

Wichtige Jazzstandards, die Moll-ii-V-i-Akkordfolgen enthalten

- *Alone Together*
- *Autumn Leaves*
- *Beautiful Love*
- *How Deep is the Ocean?*
- *Softly, as in a Morning Sunrise*

Beispiel 2a:

Beispiel 2b:

Beispiel 2c:

Beispiel 2d:

Beispiel 2e:

Beispiel 2f:

Beispiel 2g:

Beispiel 2h:

Beispiel 2i:

Beispiel 2j:

Beispiel 2k

Beispiel 2l

Beispiel 2m

Beispiel 2n

Beispiel 2o

Beispiel 2p:

Kapitel Drei - I vi ii V, langsam und schnell

Die Akkordfolge I vi ii V ist das Rückgrat eines jeden „Rhythm Changes"-Titels, wie *I Got Rhythm* und *Oleo*. Sie ist hier in ihrer *diatonischen* Form enthalten (bei der natürlich alle Akkorde der Tonart zu eigen sind), aber du wirst auch Variationen davon finden, bei denen alle Akkorde dominant sind (I7 VI7 II7 V7), oder alle Akkorde außer der ii dominant sind (I7 VI7 iim7 V7).

Die folgenden Phrasen werden alle in der Tonart B-Dur (BbMaj7 - G7 - Cm7 - F7) gespielt, da dies die häufigste Tonart für Rhythm Changes ist, aber es ist sicher hilfreich, sie auch in der Tonart G-Dur zu lernen.

Die meisten Phrasen in diesem Kapitel wurden in mittlerem Tempo gespielt, so dass genügend Zeit bleibt, die Akkordwechsel zu skizzieren, doch die letzten fünf (3q-3t) sind etwas schneller. Aufgrund der Anzahl der Akkorde verwenden Musiker oft verschiedene Arten von Vokabular bei unterschiedlichen Tempi und vereinfachen ihr Spiel oft, wenn die Geschwindigkeit zunimmt. In diesem Buch kommen wir nicht ganz an diesen Punkt, aber mache dir keine Gedanken, wenn du nicht alle diese Ideen bei höheren Geschwindigkeiten artikulieren kannst.

Wichtige Jazzstandards, die I-vi-ii-V-Akkordfolgen enthalten

* *I Got Rhythm*

* *Oleo*

* *Anthropology*

* *The Flintstones*

* *Moose the Mooche*

Beispiel 3a:

Beispiel 3b:

Beispiel 3c:

Beispiel 3d:

Beispiel 3e:

Beispiel 3f:

Beispiel 3g:

Beispiel 3h:

Beispiel 3i:

Beispiel 3j:

Beispiel 3k:

Beispiel 3l:

Beispiel 3m:

Beispiel 3n:

Beispiel 3o:

Beispiel 3p:

Licks in schnellerem Tempo

Beispiel 3q:

Beispiel 3r:

Beispiel 3s:

Beispiel 3t:

Kapitel Vier – Quintenzirkel mit Dominantakkorden

Der Bridge-Teil der meisten Rhythm Changes Stücke (siehe vorheriges Kapitel) wird aus einem Zyklus von Dominant-7-Akkorden gebildet, die sich in Quinten bewegen.

In der Tonart Bb-Dur wird dies am häufigsten als D7 - G7 - C7 - F7 gespielt.

Ich habe aus mehreren Gründen Solophrasen in diesen Abschnitt aufgenommen. Erstens rundet es das vorangegangene Kapitel gut ab, da du nun über ein Vokabular für die gesamte Melodie verfügst. Zweitens tauchen Quintenzirkel in einer Reihe von Jazzstandards auf, die keine Rhythm-Changes-Stücke sind, so dass es eine wichtige Bewegung ist, mit der man sich vertraut machen sollte - auch wenn die Akkordqualität nicht immer Dominant-7 ist. Außerdem ist dies eine gute Gelegenheit, eine Sprache zu lernen, die über einen Dominant-Akkord passt, der sich nicht sofort im nächsten Takt in einen Maj7 oder Moll-7 auflöst.

Es ist ein ziemlich fortgeschrittenes Konzept, aber diese Phrasen können auch über andere Akkorde gelegt werden, um Interesse über statische Akkordfolgen zu schaffen, das etwas „außerhalb" (outside) der Harmonie liegt. Noch einmal: In diesem Buch geht es darum, die Sprache des Jazz-Solospiels zu lernen. Sobald du in der Lage bist, diese Sprache ein wenig zu sprechen, wirst du feststellen, dass diese Worte an allen möglichen Stellen verwendet werden können.

Wie im vorigen Kapitel habe ich mich für den Anfang auf Phrasen im mittleren Tempo konzentriert, aber auch einige Ideen für das höhere Tempo am Ende eingefügt, um dir zu zeigen, wie sich das Vokabular mit zunehmendem Tempo verändern kann. Es geht nicht darum, dasselbe, nur schneller zu spielen - in der Regel wird auch der solistische Ansatz vereinfacht.

Versuche, wie immer, herauszufinden, was jede Phrase antreibt. Rhythmische und melodische Formen, die sich über die gesamte Linie entwickeln, sind viel wichtiger als das Treffen einer bestimmten Zielnote.

Wichtige Jazzstandards, die Quintenzirkel mit Dominantakkorden enthalten

- *Dexterity*

- *I Got Rhythm*

- *Oleo*

- *Scrapple from the Apple*

- *Sweet Georgia Brown*

Beispiel 4a:

Beispiel 4b:

Beispiel 4c:

Beispiel 4d:

Beispiel 4e:

Beispiel 4f:

Beispiel 4g:

Beispiel 4h:

Beispiel 4i:

Beispiel 4j:

Licks in schnellerem Tempo

Beispiel 4k: (schnell)

Beispiel 4l:

Beispiel 4m:

Beispiel 4n:

Beispiel 4o:

Kapitel Fünf - Statischer D7-Vamp

Es ist eine echte Kunst, jazzig zu klingen, wenn es keine Sequenzen von Akkordwechseln gibt, die deine Improvisation leiten. Viele Solisten kommen nicht weiter, wenn sie mit sechzehn Takten desselben Akkords konfrontiert werden. Zu wissen, wie man diese Passagen interessant gestalten kann, ist daher ein wichtiges Werkzeug für jeden Jazzgitarristen.

Diese Dominantakkorde können sich über ein ganzes Stück erstrecken oder auch nur über ein paar Takte, wie in einem Jazz Blues. In jedem Fall sind sie eine großartige Möglichkeit, authentisches Jazz-Vokabular zu lernen, ohne sich Gedanken über Akkordwechsel machen zu müssen.

Wichtige Jazzstandards, die statische Dominantakkorde enthalten

- *Fast alle Jazz-Blues-Stücke*

- *Cantaloupe Island*

- *Caravan*

- *Mercy, Mercy, Mercy*

- *Watermelon Man*

Beispiel 5a:

Beispiel 5b:

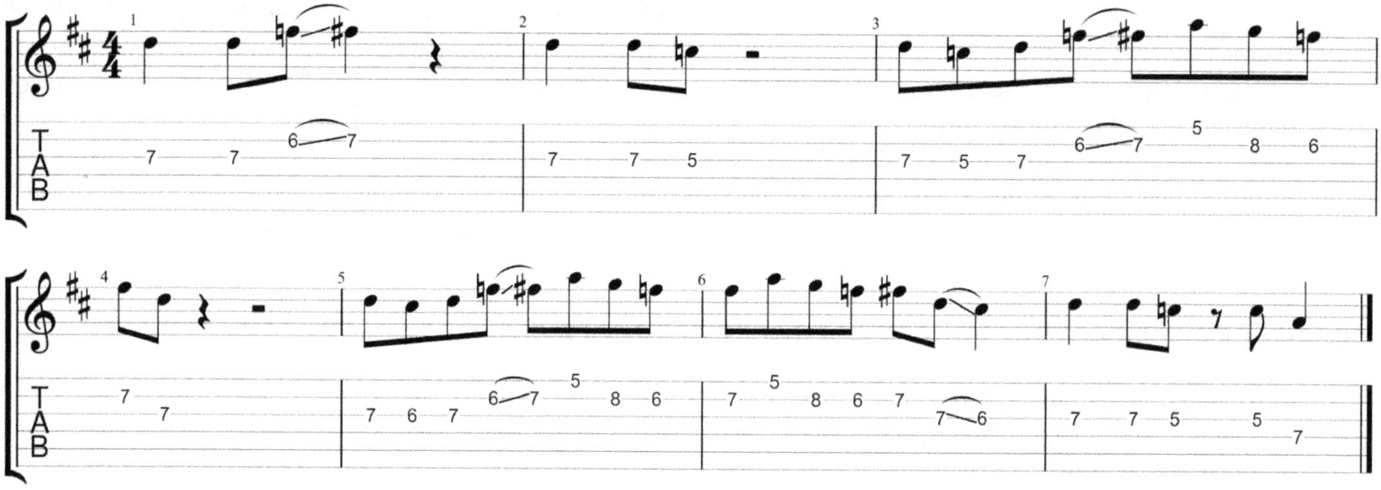

Beispiel 5c:

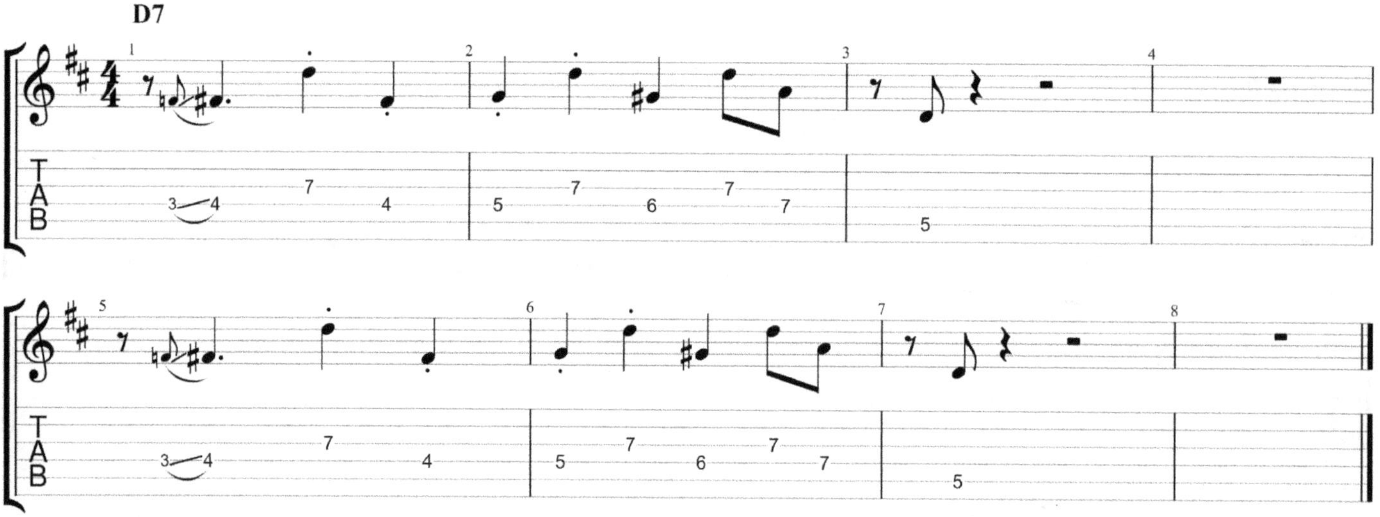

Beispiel 5d:

Beispiel 5e:

Beispiel 5f:

Beispiel 5g:

Beispiel 5h:

Beispiel 5i:

Kapitel Sechs - II V - Halbtonbewegung

Diese Sequenz besteht aus zwei ii V-Akkorden, die sich im Abstand von einem Halbtonschritt wiederholen. Zum Beispiel: Dm7 - G7, gefolgt von Ebm7 - Ab7. Diese Sequenz taucht gelegentlich in Jazzstücken auf (z. B. in Coltranes *Moment's Notice*) und wird häufig über einen statischen Akkord-Vamp gelegt, um für Bewegung zu sorgen, aber wir führen sie hier aus einem anderen Grund auf.

Beim Solospiel stößt man oft auf Akkordfolgen, die unerwartet sind und sich etwas ungewöhnlich bewegen. In solchen Fällen kann es schwierig sein, den natürlichen Fluss einer Linie aufrechtzuerhalten. Dieses Kapitel ist eine Übung zur Anpassung des Vokabulars an unerwartete Wendungen, die ein Jazzstandard mit sich bringen kann. Wenn du das hier kannst, kannst du es überall.

Die Herausforderung besteht darin, ein Vokabular zu entwickeln, das reibungslos über die Akkorde fließt, obwohl sie sich auf eine nicht-diatonische Weise bewegen. Wie bereits erwähnt, besteht das Geheimnis darin, Linien zu entwickeln, die auf einem starken Rhythmus und einer starken Phrasierung basieren. Oftmals ist der Rhythmus die treibende Kraft in einem Stück und hat einen größeren Einfluss als die eigentlichen Tonhöhen selbst.

In diesem Kapitel gibt es jede Menge Dur-ii-V-Vokabeln zu lernen, höre dir also wie immer die Phrasen anhand der Audiospuren an und beginne mit denen, die dir am besten gefallen... aber verliere nicht das große Ganze aus den Augen, nämlich zu lernen, wie du deine Sprache problemlos in unerwarteten Situationen anwenden kannst. Stelle dir vor, du bist ein Fernsehdetektiv, der einen Waschsalon betritt und herausfindet, dass es sich dabei um die Fassade einer Drogenfabrik handelt!

Beispiel 6a:

Beispiel 6b:

Beispiel 6c:

Beispiel 6d:

Beispiel 6e:

Beispiel 6f:

Beispiel 6g:

Beispiel 6h:

Beispiel 6i:

Beispiel 6j:

Kapitel Sieben - Statischer dorischer Modus

Hier sind wir wieder auf dem Boden der Tatsachen mit einer statischen dorischen Sequenz, die über einem Dm9- oder Dm7-Akkord gespielt wird. Das G7 kannst du getrost ignorieren, es dient nur dazu, der Sequenz etwas Bewegung zu verleihen.

Es gibt viele Stücke, die lange statische Moll-7-Akkordabschnitte enthalten, die es erforderlich machen, über längere Zeit dorische Soli zu spielen (z. B. *So What* von Miles Davis und *Impressions* von John Coltrane). Wenn es keine Veränderungen gibt, die man anpeilen kann, verlassen sich viele Gitarristen ausschließlich auf das bluesige pentatonische Vokabular. Der Blues ist hier definitiv ein Teil des Bildes und du wirst seinen Einfluss in den folgenden Ideen sicherlich heraushören, aber die Verwendung des dorischen Modus verleiht deinem Solo wirklich Tiefe und eine authentische Jazzfarbe.

Es ist eine echte Kunst, Soli auf statischen Akkorden jazzig klingen zu lassen, daher lohnt es sich, dieses Vokabular zu beherrschen.

Wichtige Jazzstandards, die statische Moll-7-Akkorde enthalten

- *Chameleon*
- *Footprints*
- *Impressions*
- *Little Sunflower*
- *So What*

Beispiel 7a:

Beispiel 7b:

Beispiel 7c:

Beispiel 7d:

Beispiel 7e:

Beispiel 7f:

Beispiel 7g:

Beispiel 7h:

Beispiel 7i:

Kapitel Acht - Moll-Blues

Der Moll-Blues ist eine grundlegende Jazz-Sequenz, die Spaß macht, und oft werden zu den Grundakkorden ein paar Änderungen hinzugefügt. Eines haben sie jedoch alle gemeinsam: den Wechsel zum iv-Akkord in Takt fünf. In der Tonart C-Moll ist dies ein Wechsel nach F-Moll.

Die Phrasen in diesem Kapitel vermitteln dir in den ersten vier Takten ein wunderbares bluesiges Vokabular und zeigen dir, wie du mit dem Akkordwechsel in Takt fünf umgehen kannst. Manchmal sind die achttaktigen Phrasen in zwei kürzere Beispiele aufgeteilt, damit du sie dir leichter einprägen kannst, also stelle sicher, dass du sie in Verbindung miteinander lernst.

Wichtige Jazz-Blues-Standards in Moll

- *Equinox*

- *Blue Trane*

- *Mr PC*

- *Israel*

- *Stolen Moments*

Beispiel 8a:

Beispiel 8b:

Beispiel 8c:

Beispiel 8d:

Beispiel 8e:

Beispiel 8f:

Beispiel 8g:

Beispiel 8h:

Beispiel 8i:

Beispiel 8j:

Beispiel 8k:

Melodie und Variation

Die Phrasen in diesem Buch sind ein hervorragender musikalischer Ausgangspunkt, der dir helfen wird, deine eigene einzigartige Sprache als Jazzgitarrist zu entwickeln, aber du fragst dich vielleicht, wie es weitergehen soll. Wie kann man aus den Melodien von Jazzstücken eigene Soli entwickeln?

Es ist nicht die Kenntnis einer komplizierten Theorie, die einen guten Spieler auszeichnet, sondern die Entwicklung einer Jazzsprache, die auf der Melodie des Stücks basiert. Das Geheimnis besteht darin, das Wort „Improvisation" durch das Wort „*Variation*" zu ersetzen.

Die Melodie ist der stärkste Teil des Stücks. Man verlässt ein Konzert nicht, während man eine Akkordfolge summt! Fast alle Jazzstandards waren ursprünglich Gesangsstücke, weshalb sie so starke, einprägsame Melodien haben. Das bedeutet, dass du ein starkes, aussagekräftiges Solo kreieren kannst, indem du dich eng an die Melodie hältst und kleine Variationen hinzufügst. Selbst wenn die Zuhörer nicht verstehen, was musikalisch vor sich geht, werden sie spüren, dass deine Variationen mit der Melodie, die sie gerade gehört haben, zusammenhängen. Das schafft ein starkes, greifbares Erlebnis für sie.

Wenn du ein Solo spielst, indem du die Melodie variierst, erhältst du eine vollständige *Struktur* und einen *Rahmen*, in dem dein Solo bestehen kann. Du wirst dich nicht „in den Akkordwechseln verlieren" und, was am wichtigsten ist, du wirst nicht auf magische Weise ein ganz neues musikalisches Thema spontan erschaffen müssen.

Sehr oft wird Improvisation auf eine Weise gelehrt, die besagt: „Du kannst diese Tonleiter über diesen Akkord spielen...", aber das ist zu weit von dem entfernt, was tatsächlich passiert, wenn Jazzmusiker zu improvisieren beginnen. Der intuitivere, melodischere Ansatz besteht darin, *die Melodie zu variieren*.

Jede kurze Variation, die ich spiele, führt zur nächsten. Alles, was ich spiele, wird von meinen Ohren geleitet, aber die sind durch jahrelanges Zuhören, Kopieren, Experimentieren und Spielen geschult worden - so wie wir sprechen gelernt haben.

Der beste Weg, diese Fähigkeit zu erlernen, ist, großen Musikern beim Spielen zuzuhören und ihre Ideen zu recyceln (ich scherze immer mit meinen Schülern, dass wir mit dem Recycling dem Planeten helfen!) Selbst wenn du ihre Idee nicht perfekt kopierst, hilft dir das Zuhören, wie andere Musiker an die Sache herangehen, die melodischen Formen und rhythmischen Möglichkeiten zu verstehen, die du verwenden kannst.

Variation kann selbst die langweiligste Melodie in ein Jazzsolo verwandeln, das Schwung hat und eine Geschichte erzählt. Vergiss die Akkordwechsel und traue deinen Ohren. Konzentriere dich darauf, deine Variationen zu entwickeln. Das Ziel ist es, die Melodie zu verschönern und zu einem kreativen Solo auszubauen. Erweitere die Komplexität der Variationen einfach und allmählich, bis du ein aufregendes Solo spielst. Das Geheimnis besteht darin, kleine Variationen zu verwenden, die die Melodie an einen neuen Ort führen. Wenn du das kannst, wird dein Publikum mit dir mitgehen. Wenn du diese Fähigkeit verbesserst, wirst du auf natürliche Weise in der Lage sein, deine Soli mit komplizierteren Variationen und jazzigeren Improvisationen zu beginnen. Dein einziges Ziel sollte es jetzt sein, zu sehen, wie viele Möglichkeiten du findest, die Melodie zu variieren.

Das Entwickeln einer Melodie hängt von ein paar Dingen ab. Erstens kannst du jede beliebige Melodie entwickeln, solange sie stark ist und die Zielnote zum richtigen Zeitpunkt erreicht. Zweitens: Je mehr „verbindendes" Vokabular du zur Verfügung hast, desto interessanter werden deine improvisierten Linien.

Vokabeln lernt man durch Studium und Eintauchen in eine Kultur - man versteht, wie die Sprache aufgebaut ist, ihre Grammatik und ihre feinen Nuancen. Du lernst Vokabeln durch das Lernen von Licks, wie du es mit diesem Buch getan hast. Du hast einen Teil meiner Jazzsprache gelernt, indem du mein Spiel kopiert hast, aber wenn du beginnst, dein eigenes Vokabular zu entwickeln (indem du diese Ideen verwendest und sie in andere Richtungen führst), wirst du in der Lage sein, diese Sprache zu verwenden, um mit deiner eigenen Stimme zu sprechen.

Eine der Gefahren beim Gitarrenspiel ist, dass unsere Finger beim Spielen die Kontrolle übernehmen. Wir können schnell dazu verfallen, Lieblings-Licks zu spielen, die Teil unseres Muskelgedächtnisses sind und in unseren Körper „einprogrammiert" wurden. Das Wunderbare am Jazz ist aber, dass es darum geht, die musikalischen Ideen auszudrücken, die wir in unserem Kopf hören. Wenn wir eine Linie singen und sie dann auf der Gitarre spielen, entstehen in der Regel viel mehr melodische Ideen. Es sind auch wohlgeformte Phrasen, denn wir müssen atmen! Diese Technik kann den größten Unterschied für deine Fähigkeiten als Jazzsolist ausmachen. Denke an eine melodische Linie, singe sie und spiele sie dann auf der Gitarre. Dies ist eine großartige Disziplin, die du entwickeln solltest. Deine Linien werden schnell eine gesangliche Qualität annehmen, die die meisten Gitarristen vermissen lassen.

Wenn du diese Fähigkeit mit all dem Vokabular kombinierst, das du gelernt hast, wird das Vokabular beginnen, die Linien zu beeinflussen, die du „hörst", und deine Fähigkeiten als Jazz-Solist werden sich schnell verbessern. An diesem Punkt kannst du tatsächlich aufhören, dir über Tonleitern und Theorie Gedanken zu machen, denn die Linien, die du hörst, singst und spielst, werden immer funktionieren!

Vor allem aber solltest du Spaß haben und deinen Wortschatz weiter ausbauen.

Martin.

Von demselben Autor

Martin Taylor – Beyond Chord Melody

- Meistere 7 Schritte zum perfekten Jazzgitarren-Akkordmelodiespiel

- Lerne, deine eigenen wunderschönen Jazz-Gitarren-Arrangements zu erstellen

- Entdecke Martins geheimen Ansatz für das Spielen von Akkordmelodien

Martin Taylor - Walking Bass für Jazzgitarre

- Lerne Walking Baselines von einem international anerkannten Meister der Jazzgitarre

- Entdecke, wie du mühelos Jazz-Akkorde und Walking-Basslines kombinieren kannst

- Werde zum ultimativen Jazz-Rhythmusgitarristen und -begleiter

Martin Taylor Single-Note-Solospiel für Jazzgitarre

- Lerne eine bewährte Methode der Jazzimprovisation, bei der die Musik vor der Theorie steht

- Die Think, Sing, Play-Methode, die dich mit der Zeit dazu bringt, jede Zeile zu spielen, die dir einfällt

- Wie du dein Jazzvokabular verfeinern und deine Phrasierung entwickeln kannst

Martin Taylors komplette Sammlung der Jazz-Gitarren-Methode

- Drei Jazzgitarren-Bestseller in einer Ausgabe:

Beyond Chord Melody

Walking Bass für Jazzgitarre

Single-Note-Solospiel für Jazz-Gitarre

Auf fast 300 Seiten und mit Hunderten von Musikbeispielen nimmt dich Martin Taylor mit auf eine Reise durch seine virtuosen Ansätze zum Akkordmelodiespiel, zur Kombination von Basslinien mit Akkorden und dazu, wie man ein authentisches Solo wie eine Jazzgitarren-Ikone spielt.